L'auteur, Jacky Viallon

Après une formation de comédien et quelques pratiques de la scène, Jacky Viallon fonde sa propre compagnie théâtrale avec Danièle Bouvier. Depuis 1987, ses textes (théâtre, roman, nouvelles, articles divers) sont régulièrement édités et montés en France, en Belgique, en Suisse et en Autriche. Ses pièces pour jeune public viennent d'être traduites en allemand.

Animateur d'ateliers d'écriture avec la Maison du Geste et de l'Image, la C.C.A.S. (EDF/GDF), l'Institut de Formation de l'hôpital Maison Blanche, la Maison des écrivains et l'Association 94 Coups de Théâtre, il dirige également un cours de théâtre pour adultes au centre culturel de Villiers-sur-Marne depuis 1987.

Récipiendaire de nombreux prix, dont un pour la nouvelle *M. Tendre et son mort* qui fait l'objet d'une adaptation cinématographique, Jacky Viallon vient d'obtenir l'aide à l'écriture et à la création de l'Association Beaumarchais pour *La mécanique de l'autruche*. Il a en outre obtenu le premier prix de "Premières répliques" au concours d'écriture théâtrale de la Scène Nationale "Les Plateaux" d'Angoulème avec la présente pièce *La langue de bois*. Ses textes sont régulièrement diffusés sur France-Culture.

Textes publiés :

- *Le prince des rats* et *La balade de monsieur Tadeuz*, Actes-Sud Papiers, 1987
- *Le directeur des mouches* et *La politique de l'autruche*, L'Avant-Scène, 1991
- *Des oiseaux dans ma tête*, Lansman, 1992
- *Catalogue du peintre Hervé Petit*, L'entrée des artistes, 1992
- *Le sens de l'ombre*, Lansman, 1993
- *Le Gros-Georges*, La Vague à l'âme, 1993
- *Le grand chariot*, in *Brèves d'auteurs*, Actes-Sud Papiers, 1993
- *Catalogue du sculpteur Michel Tequi*, 1995
- *Un peu de roi, un soldat, du foin et le reste de cheval*, La vague à l'âme, 1995
- *Catalogue du peintre Hervé Petit*, L'entrée des artistes, 1995
- *Pièces drôles pour les enfants*, Retz, Nathan, 1996
- *Sous le régime de la couenne*, in *Démocratie mosaïque 1*, Lansman, 1996
- *20 pièces à jouer*, Retz, Nathan, 1996
- *L'impatient*, in *26 pièces courtes*, L'Avant-Scène, 1996
- *La mécanique de l'autruche* et *La nappe de papier*, L'Avant-Scène, 1997
- *Au restaurant*, in *Mille ans de contes. Théâtre.* Tome II, Milan, 1997
- *La légende de Zourne* in *Jeunes Publics 1*, Lansman, 1997
- *Le rêve américain*, in *Démocratie mosaïque 3,* Lansman, 1998
- *La langue de bois*, Lansman, 1998

Illustration de couverture : Michel Piérart

D/1998/5438/224 ISBN 2-87282-223-2

- Théâtre -

La langue de bois

Jacky Viallon

- Lansman Editeur -

Les personnages :

- Gunth, journaliste
- L'homme au portefeuille à la main
- Le gros
- Le maigre
- Le très gros
- L'homme au nuage en forme de grosse poire
- L'homme au nuage en forme de petite poire
- L'homme au petit bout de ciel
- Lui, dentiste
- Elle, la femme du dentiste
- La femme au long fume-cigarette entre les doigts

Ces onze rôles peuvent être répartis entre cinq acteurs.

◆

La pièce se déroule en temps réel sur la durée d'une heure et demie. Elle débute le soir, vers 21h00. Elle se passe durant une belle nuit d'été. Le ciel est très lumineux, on distingue quelques étoiles et de très beaux nuages.

Elle présente des fragments d'existences. Elle n'a pratiquement pas de dramaturgie réelle. On y verra des personnages s'engluer dans leur médiocrité. On assiste, impuissants et presque complices, à toute cette perversité : le bateau coule, mais les rats ont déjà quitté le navire !

Le plateau entier est occupé par une sorte de square. Quelques arbres, des arbustes, un banc. Au fond du décor, on distingue des tuyaux de toutes les couleurs.

Dans la maison, dont on ne perçoit que la lumière de la fenêtre du grand salon et une porte donnant sur le jardin, on imagine une réception.

Au début du spectacle, puis au cours des transitions entre les scènes, on entendra vaguement les bruits de la réception. Coupes de champagne qui s'entrechoquent, sauts de bouchons, rires. On devinera des formes qui s'animent.

1.

Gunth est accompagné d'un homme qui tient son portefeuille à la main. Ils quittent le salon très enfumé et font quelques pas dans le jardin. Derrière eux, dans l'ombre, deux autres hommes sont assis sur un banc. L'un d'eux est relativement gros ; il déballera lentement un énorme sandwich pendant la conversation ; l'autre, un petit maigre, le regardera avec une envie grandissante. Ils n'échangeront aucune parole et s'intéresseront à peine à la conversation des deux autres personnages.

L'homme au portefeuille à la main : Alors, mon cher Gunth, toujours en voyage à travers le monde ? Toujours à courir les chroniques ? ... Avec toutes ces pétarades, vous devez en avoir à croquer.

Gunth *(riant)* : Et quand ça ne pète pas, c'est encore plus dangereux. C'est dans le calme et le silence que se préparent les événements les plus "grandioses" !

L'homme au portefeuille à la main : Bien sûr. C'est comme les révolutions, on ne les voit que quand elles éclatent. Et tout le monde feint d'ignorer le nombre de cadavres sur lequel il a fallu marcher pour les faire péter au grand jour ! Boum ! Il faut le reconnaître : vous faites un métier dangereux ; et ce n'est pas avec votre plume que vous pouvez vous défendre.

Gunth : Oh ! Dangereux, certes ! Mais n'exagérons rien : on n'est tout de même pas des héros. Il y a même des moments où, franchement, l'on s'amuse. Tenez, le mois dernier, je ne savais comment finir un article. Je me promenais, les bras ballants, rêvassant dans la rue entre deux échanges de tirs. Et voilà un type qui m'aborde l'air complètement affolé.

- Pardon, monsieur, me demande-t-il, la rue de la Paix, s'il vous plaît.

- Je lui réponds : C'est facile ! Je m'y rends tous les jours. Vous prenez la première à droite ou à gauche ; de toute façon, vous arriverez au même carrefour. Vous passez devant le commissariat... vous longez la grande banque centrale... vous laissez la prison sur votre gauche et vous marchez devant l'hôpital pour couper à travers le cimetière... Vous contournez la décharge publique. Attention : il y a une usine désaffectée que vous abandonnez sur votre gauche. Vous prenez la toute petite ruelle en face. Au bout, vous apercevrez des pâtés de maisons écroulées ou éventrées, des carcasses de chars, des vieilles voitures flambées... Laissez tomber ! Mais soyez vigilant car des gamins tout nus vont vous courir après pour vous demander de l'argent. Un conseil : ne donnez rien, pas même un vêtement ; il ne faut pas créer de mauvaises habitudes, vous comprenez ? ... Bref, vous continuez tout droit et, quelques centaines de mètres plus loin, vous verrez deux rangées de barbelés. Prenez bien au centre. Attention, ni à droite, ni à gauche ; bien au milieu... A l'endroit où se resserrent les deux rangées de barbelés... vous y serez : au tout début de la rue de la Paix.

- Bon, merci beaucoup, me répondit l'homme, mais cela me paraît bien compliqué de trouver cette rue de la Paix. Je vais plutôt prendre un taxi.

- Un taxi ?, je lui dis. Vous êtes fou ! Prenez donc une ambulance. De nos jours, c'est gratuit !

Si vous aviez vu la tête du gars ! Il a ri et il est parti en courant sans demander son reste. Remarquez... taxi ou ambulance, le problème a été vite réglé. Quelques secondes plus tard, j'ai entendu une rafale de mitraillette, puis plus rien. Silence. Enfin... en voilà un qui aura ri avant de mourir. J'espère qu'il y a pensé. C'est toujours mieux de basculer dans l'autre monde en se marrant. ... Mais vous me paraissez bien triste tout à coup... Mes histoires vous assombrissent !

L'homme au portefeuille à la main : Non, non... mais quand vous me parlez de "taxi", cela résonne en moi comme "taxe". Et qui dit "taxes" dit impôts, argent, intérêts, bénéfices... Et avec tous ces conflits, mon argent circule. Est-il bien placé ? Ne pourrai-je faire mieux, gagner plus ? ... Vous qui êtes bien placé et voyagez beaucoup, dites-moi : est-il vrai que l'inflation nous menace ? Le Bon Dieu - priez pour nous - ne va quand même pas nous faire ce coup-là ?! ... Au fait, vous croyez en Dieu, vous qui fouinez partout ?

Gunth *(en ramenant l'homme vers l'intérieur)* : Vous savez... je ne crois même plus aux hommes que je côtoie. Alors, comment voulez-vous que je croie en un Dieu à peine visible ?

L'homme au portefeuille à la main *(s'arrêtant au seuil de la maison)* : Dieu, je ne le connais pas, mais je le préfère aux hommes. Il a bonne presse, paraît-il ; on écrit pas mal de choses positives sur lui. Les hommes, eux, ne sont que des rats. Pires même que les rats : eux savent se dévorer d'un seul coup de dents.

Gunth : Bah ! Pas de mélancolie ! Retournons boire et nous noyer lentement dans l'immoralité des autres.

(Ils rentrent et rejoignent la réception)

2.

Le gros et le maigre restent seuls et sont davantage éclairés. Le gros commence à manger le sandwich pendant que le maigre le regarde.

Le maigre : Pourquoi mangez-vous ce sandwich alors qu'il y a plein de nourriture à l'intérieur ? J'ai vu à la fenêtre, il y en a une montagne sur chaque table. Vous n'aurez plus faim ! ... Dommage que je ne puisse pas entrer ; je n'ai pas le carton d'invitation. D'ailleurs, on n'a pas pu me l'envoyer, je n'ai plus de boîte à lettres. J'aime regarder les riches ; j'ai l'impression de partager ce qu'ils aiment.

Le gros *(en mangeant avec sensualité)* : Moi, le sandwich au jambon, c'est mon caviar. J'y pense quatre ou cinq fois par jour. Je ne peux pas m'en passer. Quand j'étais petit, je ne mangeais que des sandwichs et maintenant que je suis riche, je continue à les manger. Le plaisir est d'autant plus grand que ce n'est plus par faim que je les mange. Juste par gourmandise, par nostalgie.

Le maigre : Alors pourquoi le mangez-vous d'un seul coup de dent ? Vous pourriez prendre le temps de déguster. Il est long, il doit être très cher...

Le gros : Il est très bon. Quand on mange, on mange. Il faut percevoir toutes les saveurs en même temps. Le coeur du jambon mêlé à la fraîcheur du pain... un soupçon de sel... Un grand plaisir devant soi ; on sait que le sandwich est long... Très long... On y pense en le mangeant. On ferme les yeux... Le pain craque sous la dent et la langue caresse le rose de la grande tranche de jambon.

Le maigre : Moi, j'ai faim. Je n'ai qu'une dent creuse, elle craque sous le silence. C'est mou... J'ai l'impression de manger des trous... J'ai la sensation que mon ventre part dans le vide.

Le gros *(en s'arrêtant un instant de manger son sandwich)* : Tiens, je peux faire quelque chose pour toi. Si tu veux du mou et si tu veux que ça parte dans le vide, je vais te proposer la couenne de mon jambon. C'est également rose, ça glisse et s'allonge. On peut tirer dessus comme sur un élastique et même faire de la musique. Je suis sûr que cela te plairait de faire de la musique, toi ! Avec ton air malingre et tes petites lunettes, tu as une tête à faire de la musique.

Le maigre : Je n'avais jamais pensé à faire de la musique avec de la couenne de jambon, mais si vous m'en donnez les moyens, je veux bien... je vous écoute. Mon père me dit toujours d'écouter les gros : "S'ils sont gros, c'est qu'ils sont plus malins que nous. Ils ont su s'engraisser sur les victimes disponibles. Ce n'est pas toujours facile de tomber sur une bonne victime !" Tenez, puisque vous m'êtes sympathique et que vous voulez bien me donner votre couenne, je veux bien devenir votre victime, cela vous évitera d'en chercher une aujourd'hui. Que faut-il faire pour être une bonne victime ?

Le gros : Tu me plais, toi. Tu as une bonne tête malgré tes binocles. Je vais t'offrir une première leçon de victime. C'est facile. D'abord, tu me regardes manger... Tout à l'heure, tu le faisais bien, très bien ! Je croque, je savoure. Entretemps, tu prends ton mouchoir et tu te mets à genoux pour faire briller mes chaussures pendant que je me régale... N'oublie pas de resserrer mes lacets au passage. *(Le maigre sort son mouchoir de sa poche, le déplie soigneusement pour en faire une boule et frotte avec entrain les chaussures du gros)* Attention, tout à coup, je fais la grimace. Tu serres trop mes lacets et je viens de tomber sur la couenne du jambon. Je la tire du bout des doigts, elle se détache bien du gras. Elle s'allonge, s'allonge. Elle descend jusqu'à toi. Je te la donne. C'est ton salaire. Cela me fait plaisir que tu la déglutisses de bon coeur. Pendant ce temps, je m'empiffre le coeur de la tranche. Tu vois, c'est simple d'être une victime. Tu n'as qu'à sourire et à manger le pire. Retiens bien ce que je te dis pour ta première leçon. Pour être une bonne victime, il faut apprendre à se faire humilier !

Le maigre : Oh, ce n'est pas bien méchant que de manger la couenne d'un gros en lui cirant ses chaussures. C'est même plutôt sympathique de rendre service. Non, je voudrais vraiment être une bonne victime. Par exemple, je ne m'attends pas à ce que vous ayez la générosité de me donner toute la grande couenne ; alors, je me dresse comme un pauvre et je vous la pique en tirant dessus... Je me sauve en courant.

Le gros : Et tu te fais piquer la couenne par le premier chien venu. Comme tu l'énerves, il te déchire la moitié d'une fesse.

Le maigre *(avec joie)* : Oh oui, c'est bien !

Le gros : Tu vois, si tu le veux, tu peux devenir une bonne victime.

Le maigre : Oui, mais tout de même, la vraie victime c'est le chien. Il faut avoir rudement faim pour piquer la couenne d'un pauvre et lui déchirer la fesse en guise de dessert. Pauvre chien !

Le gros : Non, non ! Ne t'inquiète pas, la vraie victime c'est vraiment toi. Je me mets à hurler. Les flics te tombent dessus au premier carrefour parce que tu as touché à la couenne d'un gros. Les chiens sont intouchables : Société Protectrice des Animaux. Ils disposent des plus grands avocats de la ville. On préfère les laisser courir. Tandis que toi, avec tes petites pattes de pauvre, tu ne vas pas aller bien loin. La justice va se mettre en route et te courir après. Tu vas voir, elle s'étire comme la couenne du jambon, elle va te ligoter comme une petite saucisse.

Le maigre : Non, non ! J'aime trop les saucisses ! ... Je dirais que le pain du gros était trop beau, trop frais, qu'il sentait le dimanche matin, que la bouche du gros était trop grosse. Géante. Une véritable provocation, un cauchemar. Une bouche béante qui se referme sur un petit sandwich.

Le gros : Attention, c'est un long sandwich. Grande bouche, grand sandwich ! C'est l'équilibre, c'est la justice !

Le maigre : C'est un véritable assassinat et vous serez le coupable.

Le gros : Absurde. On n'accuse jamais les gros.

Le maigre : Et pourquoi ? Il ne manquerait plus que ça ! L'égalité, ça existe encore.

Le gros : Impossible, si on touche aux gros, ils vont être contrariés. Ils n'auront plus faim. Les sandwichs vont rester dans les stocks. La chaîne va s'arrêter, la marchandise ne s'écoulera plus. Il n'y aura plus de travail ; voilà qui pourrait ruiner l'économie du pays.

Le maigre : Mais si vous n'avez plus faim, nous, on les mangera, ces sandwichs : le pain, le jambon et la couenne, bien sûr ! On est déjà habitués à la manger, la couenne... Alors, elle passera bien avec le reste.

Le gros : La couenne ? Sûr qu'elle passera... Mais le reste, c'est à voir.

Le maigre : Pourquoi le reste ne passerait-il pas ?

Le gros : Parce que vous, les maigres, vous n'êtes pas habitués aux bonnes choses. Vous allez vous rendre malades. Non, si j'ai un bon conseil à vous donner, il vaut mieux que vous restiez à votre place de maigre.

Le maigre : Vous avez raison ! Sans compter que si je deviens gros, je ne pourrai plus être votre victime.

(Arrive un troisième personnage plus gros que le gros. Il a un journal sous le bras. Il prend un air important en fumant un énorme cigare)

Le très gros : Bonjour ! Je viens pour l'annonce. J'ai su que vous cherchiez une victime, alors je me présente.

(Le maigre et le gros se regardent, un peu surpris)

Le maigre *(qui se cache derrière le gros tout en ricanant)* : Vous, une victime ? Vous êtes trop gros !

Le gros : Il a raison, je n'ai jamais vu de grosse victime !

Le très gros : Ce n'est quand même pas ma faute si je suis très gros. Tout le monde a le droit de vivre !

Le gros : Oui, mais vous ne pourriez jamais faire une bonne victime avec un tel physique. *(Il tape sur l'épaule du maigre)* De toute façon, j'ai trouvé une victime, c'est la providence qui me l'envoie. Je viens de lui donner sa première leçon. Je vous le répète, vous êtes trop gros, personne n'y croirait. J'aurais l'air malin de me promener avec vous dans la rue ; on me prendrait pour votre victime, alors qu'avec mon petit maigre, je peux m'exhiber et afficher ouvertement ma classe sociale.

Le maigre *(s'adressant sournoisement au très gros)* : D'abord, j'étais là avant vous. Il ne faudrait pas essayer de me piquer la place. Et puis, vous devez revenir trop cher à nourrir. Vous n'avez pas une tête à vous contenter d'une couenne.

(Le très gros laisse tomber son journal et baisse les bras. Il soupire puis s'éloigne lentement. Il traverse le jardin)

Le très gros : Alors, maintenant, quand on est très gros, on ne peut plus être une victime ! C'est de la ségrégation...

je dirais même du racisme. Pour une fois que je pouvais mettre la main sur un petit boulot sympa qui m'aurait obligé à faire régime.

(Le gros se lève et fait quelques pas en tenant le maigre par les épaules)

Le gros : Tu sais que tu me plais bien, toi ? Tu as une bonne tête malgré tes binocles. Tu t'es bien débrouillé devant ce très gros. Tu es en bonne voie, mon petit. Avec moi, tu iras loin... très loin... En attendant, tu vas courir au bout de la rue. Voilà vingt francs pour aller me chercher un autre sandwich. *(Il lui tape sur l'épaule avant de l'expédier)* Choisis bien ! Une belle tranche, d'un joli rose et bordée de gras... Crois-moi, la couenne n'en sera que meilleure. Tout le monde sait que le gras donne du goût à la couenne.

Le maigre : Vous allez en manger un autre ?! Vous n'aurez plus de place pour les petits fours et le foie gras. Enfin, vous faites ce que vous voulez. C'est vous qui payez !

Le gros : Non, non. Celui-là, je ne vais pas le manger. Tu l'offriras au chien de ma part. Ce sera ta deuxième leçon de victime.

Le maigre *(tout en prenant les vingt francs)* : Deux leçons le même jour ? Quelle chance de vous avoir rencontré !

(Le maigre sort en courant. Le gros fait quelques pas dans le jardin et revient vers le banc qu'il essuie méticuleusement avec un mouchoir qu'il a sorti de sa poche)

3.

Trois hommes sortent du salon enfumé. Le gros se cache dans un coin du jardin et sort une paire de jumelles pour observer la scène.

L'homme au nuage en forme de grosse poire : Ce parc est une aubaine pour les Gluck.

L'homme au nuage en forme de petite poire : Avoir un jardin public qui donne sur son perron, quelle chance !

L'homme au nuage en forme de grosse poire : Des malins, ces Gluck. Ils ont des relations. Ils ont réussi à faire acheter leur terrain par la mairie pour en faire un square municipal. Et ils ont "oublié" d'enlever la pancarte "Propriété privée". Le tour est joué : plus de taxes, plus d'impôts.

L'homme au petit bout de ciel : D'autant plus malins qu'ils ont réussi - grâce à leur gendre bien placé à la mairie - à faire appeler officiellement l'endroit : "Square Gluck". Un tour de passe-passe... et les voilà à nouveau chez eux !

L'homme au nuage en forme de grosse poire : Bref, des squatters de la haute. Ils ont de l'audace, les Gluck. Des requins, sûrement... mais je les admire.

L'homme au nuage en forme de petite poire : Vous avez remarqué comment, de nos jours, le peuple est en admiration devant les gens douteux ? C'est à croire qu'ils sont plus pétillants que les honnêtes gens.

L'homme au nuage en forme de grosse poire *(tout en buvant une coupe de champagne)* : Alors oui, les Gluck sont pétillants comme leur champagne !

L'homme au petit bout de ciel : Enfin ! En attendant, puisque l'occasion nous est donnée, profitons du buffet, du champagne et du square. ... Quel plaisir de roter sous les étoiles sans déranger personne ! En toute décontraction ! ... Un vrai entracte avant de poursuivre la fête à la grimace à l'intérieur.

L'homme au nuage en forme de grosse poire : De toute façon, c'est une belle soirée.

L'homme au nuage en forme de petite poire : Cela ne durera pas éternellement. Je vois arriver quelques nuages...

L'homme au petit bout de ciel : C'est vrai, l'horizon paraît agité... A propos, voyez-vous ce bout de ciel là-bas entre les deux nuages en forme de poire ? Et bien, ce bout de ciel, il est à moi.

L'homme au nuage en forme de grosse poire : Du moment que vous ne touchez pas à mon nuage, il est à vous. Car la grosse poire, elle est à moi !

L'homme au nuage en forme de petite poire : Erreur, cher ami ! La grosse poire est à moi. Vous, vous êtes propriétaire du nuage en forme de petite poire.

L'homme au nuage en forme de grosse poire : Absolument impossible, cher collègue ! J'ai toujours l'acte de propriété sur moi ; car j'ai l'habitude : je dois faire la chasse aux curieux toute la journée. *(Il sort de sa poche une grande feuille qu'il déplie)* Merci de ne plus regarder ce nuage ; il est à moi. Vous voyez, c'est écrit : "Grosse poire".

L'homme au nuage en forme de petite poire *(tendant la main pour se saisir de la feuille)* : Faites voir ! Je préfère vérifier moi-même. Pourtant, j'avais aussi acheté la grosse poire. *(Il regarde la feuille, pestant)* C'est insensé... mais je dois bien l'admettre : vous êtes légalement propriétaire du nuage en forme de grosse poire.

L'homme au nuage en forme de grosse poire : Puisque je vous le dis ! Quant à vous, vous vous êtes fait rouler... ou alors, il s'est ratatiné entretemps. Vous savez, un nuage, ça bouge, ça se gonfle et se dégonfle...

L'homme au nuage en forme de petite poire : C'est ça. J'ai dû l'acheter au meilleur de sa forme et il s'est dégonflé. Car aujourd'hui, il est beaucoup plus petit que le vôtre ! Peste soit du marchand qui... *(Les deux regardent l'horizon, pensifs. L'homme au petit bout de ciel hausse les épaules et se moque d'eux)* C'est que... je l'ai acheté aussi cher que le vôtre. C'est trop injuste !

L'homme au petit bout de ciel : Allez, ne pleurez pas... il peut se regonfler d'un seul coup. Avec un nuage, il faut s'attendre à tout. Vingt à trente fois plus gros en un instant, c'est possible !

L'homme au nuage en forme de petite poire : Ou trente à vingt fois plus petit ! Ne me mentez pas. Je vois bien que le mien se dégonfle. Si ça continue, je vais être ruiné.

L'homme au petit bout de ciel : En tout cas, moi, avec mon bout de ciel, je suis tranquille. J'aurai toujours la même surface.

L'homme au nuage en forme de grosse poire : Erreur, erreur, et doigt dans l'oeil. Si nos nuages deviennent très gros, vous disparaissez. A nous deux, avec un petit effort, on peut occuper tout le ciel.

L'homme au petit bout de ciel : Même si on ne le voit plus, j'en resterai le propriétaire. Bien sûr, pendant un moment, on n'apercevra plus ma propriété. Mais moi, je la sentirai présente. Et puis, le vent finira bien par vous chasser. L'été n'est pas fait pour les chiens. A la belle saison, qui parie sur le ciel bleu s'enrichit !

L'homme au nuage en forme de petite poire : Minute, minute ! Et les orages, qu'en faites-vous ? On gonfle en quelques minutes et - fffrttt ! - vous disparaissez !

L'homme au petit bout de ciel : Mesquin ! En fait, vous n'acceptez pas d'avoir fait une mauvaise affaire. Petits spéculateurs, grandes déconvenues ! Moi, je me contente d'un petit bout de ciel... Achetez donc le reste, messieurs, rien ne vous en empêche !

(Les trois personnages s'asseyent sur le banc et prennent le temps de contempler de nouveau le ciel. Le gros sort de sa cachette en rangeant les jumelles dans sa poche)

Le gros : Et là, vous trois ! Voilà un bon moment que je vous observe. Savez-vous que vous êtes assis sur mon banc ? Je l'ai payé assez cher ; ce n'est certainement pas pour que vous y posiez vos derrières !

L'homme au nuage en forme de grosse poire : Ça, c'est la meilleure ! Ce banc est à tout le monde, monsieur ; nous sommes dans un jardin public. PUBLIC ! Vous avez déjà vu un banc privé dans un jardin public, vous ? C'est absurde.

Le gros : Parfaitement ! Le square est public, mais mon banc est privé ! Les Gluck m'ont vendu ce banc. Regardez, voici la facture. Je l'ai toujours sur moi, pour chasser les imbéciles et les incrédules !

(Il tend la facture aux trois autres qui l'examinent un à un, d'un air attentif)

L'homme au petit bout de ciel : Ma foi, c'est bien vrai. Ce banc est à lui.

L'homme au nuage en forme de grosse poire : Mais pourquoi alors le laisser dans ce square ? Vous ne pouvez pas l'emporter chez vous ? Dans votre jardin ? Personne n'y poserait son derrière, en ce cas. ... Car je soupçonne les Gluck de s'en servir en cachette, quand vous n'êtes pas là. Ce sont des malins, les Gluck !

Le gros : Chez moi, je ne vois rien. Ils ont planté des tours tout autour. Aucune visibilité. Que du vis-à-vis. Notez que, maintenant, tout le monde doit compter sur le vis-à-vis dans sa vie. Partout où l'on va, on est vu. Et partout où les gens sont vus, ils vont. C'est une manie, l'instinct grégaire.

L'homme au nuage en forme de petite poire : Ce n'est pas une raison pour venir poser votre banc ici.

L'homme au nuage en forme de grosse poire *(en regardant les deux autres d'un air conciliant)* : Après tout, il n'a pas tort. Le square est à tout le monde, et il y a suffisamment de place pour un banc supplémentaire. S'il a du vis-à-vis chez lui, il faut le comprendre... soyons tolérants !

Le gros : Parfaitement. Ici, au moins, je vois le ciel et je peux regarder passer les nuages.

L'homme au petit bout de ciel : De quoi ? Quel ciel ?

L'homme au nuage en forme de grosse poire : Oseriez-vous insinuer que vous venez ici pour poser un regard sur ma poire ?

L'homme au petit bout de ciel : Mais il n'en est pas question ! *(Il montre le ciel en faisant un grand geste en s'assurant de la complicité des deux autres)* Tout ça, c'est à nous trois.

L'homme au nuage en forme de grosse poire *(en acquiesçant vivement)* : Parfaitement ! Enfin... pas tout. On n'en a pas encore les moyens, mais...

L'homme au nuage en forme de petite poire : Mais à nous trois, on en possède une grande partie.

L'homme au petit bout de ciel : Encore quelques économies et nous pourrions bien nous agrandir et acheter le reste. Faut voir.

Le gros : C'est ça, faut voir ! En attendant que vos petites fortunes soient faites, je propose un marché : je regarde votre ciel, vous regardez les étoiles. Et je vous invite à vous asseoir sur mon banc. Toutes ces petites étoiles sont à moi. Je possède les actes de propriété. Je les ai achetées une bouchée de pain avant que les gens n'aient l'idée de lever le nez. Beau capital, non ?

(Il sort ses jumelles et les propose aux trois autres qui le regardent avec admiration)

L'homme au nuage en forme de grosse poire *(en s'asseyant)* : Vous êtes un malin, vous. Voulez-vous être des nôtres ?

L'homme au nuage en forme de petite poire *(en s'asseyant lentement)* : Inutile d'en parler aux Gluck, ils tireraient encore parti de cette affaire.

L'homme au petit bout de ciel : Sûrement qu'ils ont un parent bien placé, là aussi !

L'homme au nuage en forme de petite poire : Avec eux, on ne sait jamais !

(Les quatre personnages s'asseyent et se mettent à contempler tranquillement le ciel avec ravissement. Ils respirent lentement les uns après les autres et parlent tour à tour)

- Le vrai sens de la propriété, c'est ça !

- Le capitalisme collectif, c'est l'économie de l'avenir !

- Si, à nous quatre, nous réussissons à chapeauter le ciel, on finira par faire la pluie et le beau temps.

(Le gros se retourne et semble chercher quelqu'un du regard)

Le gros : Tiens, je n'y pensais plus, vous n'auriez pas vu ma victime ? Pour me déculpabiliser, je m'offre un petit protégé.

L'homme au petit bout de ciel : Victime ? Protégé ? Comment peut-il être à la fois votre victime et votre protégé ?

Le gros : J'en fais d'abord ma victime ; je l'humilie, je le soumets, et quand il est bien à ma solde... je lui accorde une petite charité. Ainsi, il est tout à moi ; j'ai l'impression de l'avoir aidé et je suis déculpabilisé. Et vous, comment faites-vous pour vous déculpabiliser ?

L'homme au petit bout de ciel : Il y a les associations humanitaires : il suffit de faire un chèque, c'est très pratique. Je ne regarde pas ce qui se passe là-bas, je paie. D'ailleurs, je ne veux rien voir. Après tout, les politiciens sont payés pour regarder à notre place. Et puis, comment reconnaître les bons des mauvais ? C'est une spécialité, l'aide humanitaire.

L'homme au nuage en forme de grosse poire : Moi, je donne tous les ans pour le cancer ; j'espère ainsi ne pas l'attraper. Comme à Lourdes : plus on brûle de cierges, plus on a de chances de guérir. C'est écrit dans l'évangile... ou sur les portes des magasins de souvenirs, je ne sais plus.

L'homme au nuage en forme de petite poire : Hé oui ! Sur cette terre, tout se paie ! ... A propos, si nous retournions à l'intérieur boire et manger à l'oeil ? Pour une fois que c'est gratis...

Le gros : C'est ça ; allons flairer les bonnes affaires et nous déculpabiliser une fois de plus en écoutant les monstruosités des autres.

(Ils rentrent rejoindre la réception. A peine sont-ils entrés que l'on voit revenir le maigre en courant. Il tient un sandwich à la main)

Le maigre : Tiens, j'ai perdu mon protecteur. Il a dû rentrer se goinfrer à l'intérieur. Il n'a pas pu résister. Normal, les riches aussi ont des désirs insatisfaits. Oui, mais... ça ne fait pas mon affaire, ça. Qu'est-ce que je vais faire de ce sandwich, maintenant ? Il faut que j'attende son retour pour qu'il me l'offre. Pour l'instant, c'est encore le sien. Je n'ai encore rien à moi, mais j'ai déjà le sens de la propriété. C'est inné chez les pauvres, un instinct naturel.

(On entend une grande agitation venant de la pièce. Des ovations... Bruits de coupes de champagne... Discussions)

4.

Un couple sort de la réception avec des assiettes en carton dans les mains. Le maigre s'empresse d'aller se cacher dans un coin. Ils ont l'air embarrassé et n'arrivent pas à saisir la nourriture. Ils font quelques pas dans le parc en cherchant un support pour leurs assiettes.

Lui : C'est agaçant, ces assiettes en carton. C'est mou... Et la fourchette en plastique, c'est nul. Mou contre mou, c'est immangeable !

Elle : Excuse-moi mais... toi aussi, tu es immangeable... De toute la soirée, tu n'as prononcé que de sinistres banalités. Pas la moindre petite cochonnerie. Pas la moindre petite nouvelle pour faire rire la galerie. Rien. Monsieur ne parle que de son métier... Tout le monde s'en bat l'oeil, de ton job !

Lui : Cause toujours ! Evidemment, que je m'intéresse aux dents de nos amis ! Je suis dentiste, oui ou non ? Tu voudrais que je leur parle de leur gros orteil ? Ou de leur nombril ? Non, quand même ! Alors, je leur parle de leurs dents. Normal, non ?

Elle : J'en ai marre. Je vais te quitter. J'ai toujours eu envie de te l'annoncer devant une macédoine de grosses légumes ; c'est le moment ou jamais !

Lui *(comme s'il n'avait rien entendu)* : Tiens, une mouche dans la salade. Signe de pluie !

Elle : Ce n'est pas parce qu'une mouche vient s'affaler sur ta salade que c'est un signe de pluie.

Lui : Eh si ! L'humidité pèse sur les ailes de la mouche. Elle descend, descend et finit par tomber dans la salade.

Elle : Dans la salade ? Tu vois de la salade partout, toi ? Tu te crois dans dans un restaurant "nouvelle cuisine". Cette mouche aurait tout aussi bien pu tomber dans la soupe.

Lui : Oui... mais ce n'est pas la soupe qu'elle a choisie ! La mouche a vu que c'était de la salade. Si elle avait reconnu un potage, elle ne se serait pas laissée tomber au risque de se noyer. Pas folle, la mouche. Elle sait bien que tomber dans la verdure ne présente aucun danger. La preuve, je vais l'aider à s'en sortir. Regarde bien : à défaut de sauver l'humanité, je sauve une mouche !

Elle : Minable ! C'est décidé, je te quitte. Tu entends ? Je te quitte ! Demain, bye bye adieu ! Je ne peux vivre avec quelqu'un qui n'a comme ambition que d'arracher des dents et sauver les mouches de la noyade !

Lui : Tss... tu es encore de mauvaise foi, comme d'habitude. Est-ce ma faute si je n'ai pas une famille de réfugiés cachée sous ma feuille de salade ? Et si je n'ai vu aucun tireur d'élite accroché au lustre du salon des Gluck ?

Elle : Minable, minable, minable ! Tu aurais pu te débrouiller pour vivre plus dangereusement. Courir au secours de la veuve et de l'orphelin. Voyager aux quatre coins du monde. Etre photographe-reporter-aventurier, Casque Bleu, ministre... Que sais-je, moi ? Il y a plein de métiers actifs.

Lui : Etre dentiste, c'est actif, crois-moi !

Elle : Actif sur quinze centimètres carrés de bouche ! Je rêve, pincez-moi ! Comment veux-tu être actif dans un endroit pareil ?

Lui : Ce ne sont pas les grandes places qui font les grands hommes ! Je n'ai pas besoin que cela soit bien grand ; je n'y mets que deux doigts...

Elle : Deux gros doigts imbéciles qui prennent toute la place ! C'est à se demander comment tu fais pour voir ce qui se passe dans la bouche des patients.

Lui : Mais je n'ai pas besoin de voir. Toutes les bouches sont les mêmes... J'en ai étudié une au début, cela me suffit. Toutes les dents sont placées de façon identique, c'est pratique ; mêmes incisives, canines, prémolaires, molaires pour tout le monde. Dans le même ordre. C'est rigoureux, bien aligné...

Elle : Toi, tu aurais dû être militaire : tu aimes la rigueur, tu t'esbaudis devant l'alignement et tu as de gros doigts.

Lui : Je ne vois pas le rapport avec l'armée.

Elle : Pour les gâchettes, imbécile ! Avec de gros doigts, on ne rate pas une gâchette. Et la rigueur aide à viser. Elle évite de tirer n'importe où. De nos jours, les militaires tirent n'importe où !

Lui : Tu mélanges tout. Ce n'est pas par manque de rigueur qu'ils tirent n'importe où. C'est parce qu'on ne sait plus où est l'ennemi. Aujourd'hui, il se cache parmi les civils... surtout parmi les civils. Ce n'est pas facile de faire la guerre dans des conditions pareilles. Autrefois, c'était clair : deux armées face à face. On courait, on se rentrait dedans. Il en tombait une moitié, l'autre moitié se remettait debout et l'on recommençait. C'était sain. Maintenant, l'ennemi est partout. Peut-être même au fond de chacun de nous... Tiens, je n'ai plus faim. Je commence à avoir peur de moi-même. Pourvu qu'un jour, je ne me tire pas dessus.

Elle : Ce serait un suicide imbécile ! Pas une offensive ! N'essaie pas de te faire passer pour plus courageux que tu n'es. Tu es incapable de faire la guerre, totalement incapable. Un lâche, oui voilà ce que tu es ! Ce sont les lâches qui se suicident...

Lui : Tu m'énerves avec ta guerre. Ce n'est tout de même pas ma faute si nous vivons en paix dans ce pays !

Elle : Pauvre idiot ! Avec tout ce qui pétarade aux quatre coins du monde, tu crois vraiment que notre pays est en paix ? Pauvre imbécile ! Il fait le mort, le pays... ou il EST mort. Et s'il est mort, c'est qu'il était en guerre. Pas de morts sans guerre, pas de guerre sans morts. Nous sommes en pleine guerre mais toi, pauvre animal, tu ne vois rien. Tu planes, tu ne penses qu'à sauver des chicots... et des mouches ! Minable, minable, minable ! Je te quitte. Je ne peux plus vivre avec un lâche. Moi qui rêvais d'un héros, j'ai hérité d'un arracheur de dents, sauveteur de mouches. Pauvre type ! Ta vie est moche ! Je te plains !

Lui : Oh là, doucement ! Pourquoi tu ne fais rien, toi ? Avant, tu militais, tu lisais des journaux politiques. Tu avais des idées, tu organisais des débats à la maison... et tu en profitais même pour vendre des Tupperware aux amis.

Elle : Oui, mais ça, c'était avant. Avant la guerre. ... Attention ! Une mouche ! Elle fonce sur toi ; elle va s'écraser sur tes cheveux gras !

(Héroïque, il se redresse et détourne la mouche d'un coup de fourchette en se baissant comme s'il échappait à un bombardier)

Lui : Tu vois bien que je prends des risques !

(Gunth est sorti de la maison et s'est avancé discrètement. Il n'a pas, lui non plus, remarqué la présence du maigre. Il rit sous cape. Il s'essuie le visage avec un mouchoir. Il a l'air d'avoir trop chaud. Visiblement, il vient d'entendre une partie de la scène de ménage. Les deux autres tout à coup le découvrent. Il se voit surpris, il rit faussement, très fort, pour se donner une contenance)

Gunth : Les amoureux prennent le frais... *(Nouveaux rires)* aux frais de la nature... aux frais des Gluck... *(Rire faux)* J'ai... enfin, sans le vouloir... assisté à votre petite scène de ménage. Touchant ! Oui, vraiment adorable... A vrai dire, ça me change de ce qui se dit à l'intérieur. Si vous saviez comme ils m'ennuient. Tous ces enjoleurs, ces tricheurs, ces raseurs ! Pas une phrase vraie. Les riches veulent faire croire qu'ils sont pauvres. Et les autres veulent se faire passer pour de vrais riches. Mensonges, déguisements, carnaval ! ... Avec vous, au moins, j'ai entendu des mots vrais, sonores, directs, meurtriers. Vous avez raison ; quand on pose le bout du doigt sur sa petite vie, on s'aperçoit immanquablement qu'on est minable.

Tous minables : vous, moi, et les autres qui gloussent au-dessus des petits fours. Permettez ? *(Il s'avance et picore avec arrogance dans les assiettes molles du couple)* Une petite faim. Une dent creuse, comme vous dites dans votre jargon. A propos, je viens d'apprendre que vous êtes dentiste. Vous pourriez me regarder la molaire du fond, elle me gratte.

(Emprunté, Lui ne sait pas où poser son assiette. Pour le débarrasser, Gunth la lui prend des mains et ouvre la bouche)

Lui : Une molaire qui gratte ? Comme c'est curieux !

Gunth : Oui, elle gratte, c'est ce qui m'inquiète. Mais vous savez, avec mon boulot, je me néglige. C'est au coeur des mondanités que les petits bobos se réveillent. A croire que c'est dans le calme plat de ce monde pourri que les petites douleurs m'amusent. Aussi ne font-elles que gratter... Bon, il faut que j'arrête de parler si vous voulez regarder. *(Riant par avance de son bon mot)* Excusez-moi, mais... *(pouffant)* ...pour l'ouvrir, il faut que je la ferme !

(Les deux autres sourient poliment. Il ouvre la bouche en grand)

Lui *(regardant distraitement)* : Je ne vois rien !

Gunth : Tenez, prenez mon briquet. C'est un briquet tempête !

(Il sort le briquet tout allumé de sa poche et le tend au dentiste qui se sert du dos de la fourchette en plastique pour lui aplatir la langue. Gunth met son mouchoir en pointe dans le col de sa chemise. La femme s'approche des deux hommes et entreprend la conversation avec Gunth qui est gêné par sa position immobile)

Elle : On m'a dit que vous étiez "reporter de guerre" ? *(Gunth fait signe que non en plaçant ses doigts en forme de revolver. Il agite la tête de façon négative)* Pas de guerre ? Reporter seulement ? *(Gunth agite la main comme s'il écrivait et secoue la tête de façon affirmative pour confirmer son geste)* Ah, vous écrivez... Journaliste !

C'est ce que je disais, journaliste de guerre. *(Gunth remet sa main en position de revolver et manifeste sa désapprobation)* Allons, ne soyez pas modeste. Tous les journalistes sont en guerre contre quelque chose. La guerre est partout... même dans les ménages, vous l'avez entendu. Je vous envie. Vous devez voir de ces horreurs ! *(Gunth fait signe que non)* Vous ne voyez rien ?

Lui : Moi non plus, je ne vois rien ! *(Gunth approuve qu'il ne voit rien)* Ecoutez, si vous vous agitez tout le temps, je ne peux pas voir où ça gratte. Et surtout pourquoi cette dent vous gratte. Ce ne sont déjà pas des conditions d'hygiène normales pour examiner une molaire du fond ; alors, si vous compliquez l'auscultation par vos gesticulations, je ne peux pas faire mon travail. *(Il fait signe à sa femme de s'écarter de Gunth)* Et toi, tant que tu y es, tu pourrais venir t'asseoir sur sa pré-molaire pour lui parler !

Elle *(sèchement)* : Je m'intéresse aux métiers d'actions, moi. Aux métiers à risques !

(Gunth agite violemment la tête et fait des signes négatifs. Il redonne l'assiette au dentiste qui se retrouve emprunté avec le briquet et la fourchette. Gunth enlève le mouchoir et le plie soigneusement en silence tout en regardant Elle. Il se met à marcher de long en large en se tortillant, ouvre sa veste et se tourne sur lui-même)

Elle : Ah, je vois, vous êtes homosexuel ! Rien à redire. Mais c'est dommage ! ... Au fait, je ne vois pas le rapport avec la guerre.

Gunth : Pas le temps d'être homosexuel avec la vie que je mène. Je suis journaliste de mode et, malgré les guerres, on continue à m'envoyer là-bas pour représenter la France. Entre deux pétarades, je cours les dîners d'ambassades. Je suis payé pour rendre compte à l'étranger de la dernière mode de chez nous. A la guerre comme à la guerre, il faut que notre pays soit présent. Vous voyez, je ne prends aucun risque... Je suis un pion que l'on pose au hasard, un oublié du désastre. J'ai souvent l'impression d'être un bibelot de luxe abandonné.

Quand je gêne, on me pousse dans un coin, sans vraiment me prêter attention. C'est humiliant, mais ça paie bien... Vous voyez ? Chacun à sa manière est un minable ! ... Bon, à force de garder la bouche grande ouverte, cela m'a donné soif. Allons donc retrouver les autres minables. Vous venez ?

Lui : Ah mais non ! La consultation n'est pas terminée. Je commençais à comprendre... *(Il sort précipitamment une carte de visite de sa poche)* Tenez, c'est l'adresse de mon cabinet. Venez me voir, nous serons plus tranquilles. *(Bas)* Il n'y aura pas ma femme. *(Gunth prend la carte et retourne à la réception sans rien dire. Après un silence, à Elle)* Un aigri. Un sacré aigri ! Je ne devrais pas te le dire - secret professionnel - mais j'en ai vu des choses dans cette vilaine bouche... et pas des plus propres.

Elle : Je m'en moque, il me plaît. J'ai eu peur un instant quand je l'ai vu se dandiner avec sa veste sur l'épaule. Heureusement, il l'a dit : pas le temps d'être homosexuel ! Ouf ! Et toi, bien sûr, tu me parles de ses dents pour me dégoûter... pour saborder un bonheur de passage. Minable ! Egoïste ! Dentiste ! *(Elle le prend brusquement par le bras, plus tendrement)* Bon, allez viens, mon minable adoré, viens quand même boire un dernier verre. Et surtout ne t'avise plus de raconter tes histoires de molaires à tout le monde.

5.

En rentrant dans la maison, ils croisent l'homme au nuage en forme de grosse poire et le gros, propriétaire du banc, qui sortent en riant à gorge déployée.

Le gros : Donc, toujours pas de nouvelles de ma petite victime ! Elle a dû s'égarer entre deux tranches de pain. *(Il rit grassement)* Je ne vais tout de même pas faire passer une annonce dans les journaux. Avec toute cette misère qui traîne dans la rue, je finirai bien par trouver quelqu'un à ma convenance, quelqu'un qui s'attachera à moi. *(Plus* *mélancolique)* Dommage, il me plaisait, ce petit ; je me sentais en confiance avec lui, je n'avais pas honte d'être riche. C'est que... il est bougrement difficile de se mettre à nu devant les pauvres. *(Changeant de ton)* Vous avez vu le type que l'on vient de croiser ? Celui qui marchait la bouche ouverte ? ... C'est Gunth, le journaliste à la mode ! Il croit toujours avoir mal aux dents. Il voulait être dentiste.

L'homme au nuage en forme de grosse poire : Il est plutôt sympathique avec sa grande bouche ouverte. Un journaliste à la mode ?

Le gros : A la mode ou de mode, je ne sais plus. Sans importance, du moment qu'il est important.

L'homme au nuage en forme de grosse poire : Bon, je vais essayer de l'entreprendre. On ne sait jamais. Je peux peut-être accrocher une affaire avec lui. Il n'a pas l'air si malin.

Le gros : Pourquoi partez-vous dans cette direction ?

L'homme au nuage en forme de grosse poire : Dans l'immédiat, je vais aux toilettes !

Le gros : Là-bas ? Dans le fond du jardin ?

L'homme au nuage en forme de grosse poire : Oui, c'est une idée des Gluck. Ils ont été élevés à la campagne. Ils trouvent que c'est plus sain d'avoir les toilettes à l'extérieur.

Le gros : N'importe quoi ! Je les connais bien, les Gluck. A cause de la vente du banc. Encore une question d'économie : ils veulent tout simplement profiter des toilettes municipales. Pourquoi en avoir chez eux quand on peut utiliser celles de la collectivité. C'est une manie, je vous dis. D'ailleurs, après m'avoir vendu le banc, ils voulaient le faire municipaliser pour continuer à en profiter !

L'homme au nuage en forme de grosse poire : Remarquez, pour les toilettes, ils ont plutôt raison. A l'intérieur, ça occupe un espace inutile, alors que dans ce square, il y a plein de place perdue.

Le gros : Ce que vous pouvez être naïf... Croyez-moi, il s'agit de pure avarice. Je sais que vous mourez d'envie de vous introduire dans cette maison. Mais attention, mon ami : si vous continuez, votre mauvaise foi vous empêchera de passer la porte !

L'homme au nuage en forme de grosse poire : C'est plus fort que moi ; les Gluck m'attirent. Même quand ils disent des conneries, le fait de savoir qu'ils sont riches me les rend sympathiques.

(Ils s'approchent des toilettes)

6.

La porte est hors champ. Apparemment, les toilettes sont occupées. On entend l'eau s'écouler bruyamment. On ne voit jamais les utilisateurs en sortir, comme s'ils disparaissaient dans la cuvette. Durant la scène qui suit plusieurs personnes viendront s'intercaler dans la file en profitant du fait que les quatre personnages discutent. Ils entreront ainsi avant eux dans les toilettes et n'en ressortiront pas après le bruit de la chasse.

Le gros *(regardant autour de lui pour se donner une contenance en attendant son tour)* : Il n'y a pas à dire, les Gluck ont une très belle maison... mais mal placée, face à la rue !

L'homme au nuage en forme de grosse poire : Il n'y a pas que des désavantages. Ils peuvent voir passer les gens... *(Coquin)* Surtout les jolies femmes ! Tenez, regardez celle qui traverse la rue. N'est-elle pas remarquable dans le bleu de la nuit ?

Le gros : Evidemment, c'est une Arabe.

L'homme au nuage en forme de grosse poire : Et alors ? Les Arabes sont très belles. Fières, bien cambrées, démarche souple...

Elle *(qui rejoint la queue devant les toilettes)* : Et les Arabes, alors ? Les hommes, je veux dire. De beaux types, non ? Oeil vif, muscles fins et saillants, en général petites moustaches, air provocateur, sûrs d'eux...

(Arrive une seconde femme qui prend la file ; elle tient entre ses doigts un long fume-cigarette)

La femme au long fume-cigarette entre les doigts : Les Arabes, bon. Mais les Noirs ! Si nous parlions des Noirs. Les Noirs : un mètre quatre-vingt-dix... des biceps comme vos cuisses. Ils vous soulèvent comme des plumes. Leurs pays, des cartes postales... *(Dans un soupir)* Ah ce que j'aimerais épouser un Noir.

L'homme au nuage en forme de grosse poire : Sans compter qu'ils vous donnent de beaux enfants.

Le gros : Il n'y a pas à dire, le métissage donne des enfants de toute beauté ! Moi, personnellement, si on me demandait mon avis, j'aurais un grand faible... ou plutôt je ressentirais une grande force pour... les Espagnoles. Au cinéma, elles me mettent dans tous mes états. Vous avez vu leur taille... leur souplesse... leurs yeux de poivre... leurs lèvres sanguines... leurs dents blanches. Whah, de la braise !

(Gunth sort. Il fume un gros cigare, tient une coupe de champagne à la main et une bouteille dans l'autre. Il s'assoit sur le banc. Personne ne le remarque. Seul le maigre l'a vu. Il s'approchera lentement de lui, pour finir la scène assis sur la toute extrémité du banc)

Elle : A vous écouter, je vous trouve quand même quelque peu trop "exotiques" !

L'homme au nuage en forme de grosse poire : Nous, exotiques ? Est-ce notre faute si la beauté nous vient d'ailleurs ? Ouvrez les yeux et voyez ce qui se traîne dans nos rues. De quoi fabriquer une armée d'exotiques !!

Elle : Quand même. Vous jetez un regard sur les femmes comme si vous vous apprêtiez à acheter une automobile...

Le gros : Une automobile... de marque étrangère bien sûr ! *(Rires forcés)* Car là aussi, ma bonne dame, avouez que nous nous tournons le plus souvent vers les étrangères... laissant les françaises aux autres.

L'homme au nuage en forme de grosse poire : C'est vrai, allemandes, américaines, japonaises... ça, c'est de la voiture !

La femme au long fume-cigarette entre les doigts : Whouah, les Japonais ! Ils m'excitent ! Nerveux, productifs, un Q.I. à faire sauter une banque universitaire, des idées et des affaires plein la tête. Tellement miniaturisés qu'on peut les mettre dans son sac. Bref des gens discrets qui brassent, qui brossent et qui bossent. Un rêve !

Le gros : Que dire de leurs femmes, alors ? De vraies bombes, paraît-il. J'ai deux collègues universitaires mariés avec des Japonaises... je ne vous dis pas ! Il faut voir les cernes qu'ils s'offrent. Ah si je pouvais ! Une petite Japonaise, dans une grande maison, avec de longs meubles laqués. Le chic du chic, exotique, érotique...

Elle : A vous écouter, il n'y a que les étrangères qui soient érotiques. Il y a quand même des Françaises qui sont...

L'homme au nuage en forme de grosse poire : Elles se ressemblent toutes !

Le gros : Toutes habillées pareil. Comment les distinguer ? Si nous nous trompons de temps en temps et que nous prenons la femme du voisin, c'est juste parce que nous ne voyons plus la différence.

L'homme au nuage en forme de grosse poire : Ça, c'est vrai. La différence, c'est important. C'est ce qui justifie le désir de propriété : plutôt celle-là qu'une autre. Pour ce qu'elle a de plus que les autres. Croyez-moi : le désir naît de la propriété d'autrui !

Le gros : Et, ne vous en déplaise, mesdames, les femmes étrangères ont un... truc que vous n'avez pas !

L'homme au nuage en forme de grosse poire : Attention, on ne vous en veut pas. Mais comprenez-nous : depuis tout petits, nous n'avons été élevés que par des Françaises. La vision de votre féminité s'est donc banalisée.

Le gros : Et comme elle est banalisée, elle manque d'exotisme. L'exotisme, c'est la sensation du piquant !

L'homme au nuage en forme de grosse poire : Et les Françaises... elles ne nous piquent pas ! Voilà, je l'ai dit. Reconnaissez au moins que je ne suis pas chauvin !

La femme au long fume-cigarette entre les doigts : C'est pourquoi je crois au métissage : je pique par-ci, je me fais piquer par-là... et tout le monde est content.

Elle : Tout le monde est content... c'est vite dit. Moi, avant d'épouser le dentiste, j'étais très attirée par les Noirs. Je ne ratais aucune occasion, je vous jure, de le faire savoir à tous ceux que je rencontrais. Et bien vous me croyez ou non, il n'y en a pas un qui a voulu de moi. Pas même un regard. Rien ! J'ai donc fini dans la blouse blanche du dentiste.

La femme au long fume-cigarette entre les doigts : Normal, vous les regardiez de face. Il faut les regarder en coin, prendre un air rêveur et distrait. Distraite, donc apparemment indifférente ; ça, ça excite les hommes !

L'homme au nuage en forme de grosse poire : Vous n'y connaissez rien ! Les hommes n'aiment pas les femmes distraites. Ils veulent des femmes responsables, qui s'engagent, qui décident... et qui ne perdent pas toujours leurs clés.

Le gros : Des femmes sur qui l'on peut compter. Pas des femmes qui vous provoquent, qui vous font oublier...

La femme au long fume-cigarette entre les doigts : En attendant, vous deux là, avec vos têtes de veaux à la française, vous pouvez nous oublier, c'est sûr !

Elle : Et rentrer au pré !

La femme au long fume-cigarette entre les doigts : ...Pour vous mettre en ménage avec une vache folle !

(Rire général des femmes. Silence glacial des hommes. Le rythme du passage aux toilettes s'accélère. On entend le bruit de chasse d'eau à chaque passage. Le plateau se vide comme si les acteurs disparaissaient dans la tuyauterie)

7.

L'homme au portefeuille dans la main sort de la réception et se réfugie dans un coin. Il a l'air visiblement malade. Gunth fume son gros cigare en envoyant des ronds de fumée vers le maigre qui n'ose pas le regarder. Il boit plus que de raison et hume l'air comme un animal. Il s'adresse finalement au maigre qui tient toujours son sandwich en main.

Gunth : Vous avez entendu leurs conversations sur les femmes ? Pauvres bougres. ... Qu'est-ce que vous en pensez vous, des femmes, avec vos binocles et votre sandwich ? Vous les aimez les femmes ? ... Moi, elles me font peur : pires que les bombes. On met un certain temps avant de ressentir la douleur. Un temps parfois interminable pendant lequel on attend, bêtement. Comme la douleur ne vient pas, un jour, on croit être à l'abri, on ne fait plus attention. Et boum, on saute ! ... Alors, vous les aimez, les femmes, vous ? ... Je vous pose une question. Répondez, n'ayez pas peur. Je vois bien à votre tête que vous ne faites pas partie de la bande des Gluck. Vous seriez plus du genre observateur, vous. ... Alors ? Ces femmes ?

Le maigre : Comme vous avez dû souffrir pour parler ainsi !

Le gros : Hé là, ne joue pas au plus malin, toi, avec tes binocles. Tes propos me dérangent. Allez, ouste ! Sinon, je te croque ton sandwich. Si tu me connaissais, tu saurais qu'il faut toujours que je me mette quelque chose sous la dent. Alors, méfie-toi ! Dégage vite le paysage. Tu fais pauvre et triste dans ce décor, et je ne le supporterai pas longtemps.

Le maigre : Mais... je ne dérange personne.

Gunth : Si, moi. Avec ta phrase idiote. Maintenant, elle va me poursuivre toute la nuit et s'allonger dans ma tête comme un serpent sans fin ! Tu vois ? Tu me fais parler et je m'aventure au pays dangereux des mots. Allez, disparais, hors de ma vue !

(Il lui fait signe de s'en aller en agitant sa bouteille de champagne)

Le maigre : Ça alors, c'est un comble. Vous m'interrogez, je ne dis pratiquement rien, vous parlez tout le temps, et je vous dérange ! Bonsoir !

(Il sort, dépité et bougonnant. Gunth se lève, erre un moment dans le parc, avant de s'apercevoir de la présence de l'homme au portefeuille dans la main qui vient de sortir de son coin et de s'asseoir sur le banc)

Gunth *(surpris)* : Ah, je ne vous avais pas vu ! ... Vous n'êtes pas bien ?

L'homme au portefeuille dans la main : Alors là, vraiment pas ! Complètement mal !

Gunth : Les mélanges, sûrement. Moi, je ne bois que du champagne. Les bulles s'accrochent aux bulles, et elles s'amusent entre elles. Si vous mélangez, les bulles se baladent, rencontrent d'autres vapeurs d'alcool et partent se bagarrer dans le cerveau. *(Gunth s'approche de l'homme et tend l'oreille tout près de sa tête)* Ne bougez pas. *(Il écoute)* C'est ça, c'est bien ça ; j'entends les bulles chahuter dans le haut de votre crâne. Aucun doute, ce sont les mélanges ! Tudieu, quelle bagarre, vous êtes ivre mort, mon vieux !

L'homme au portefeuille dans la main : Si ça pouvait être l'alcool ! Hélas non, ce sont les conversations d'à côté qui me saoulent. Elles m'écoeurent. On se moque de l'argent... et du mien aussi. Ça, je ne supporte pas.

(Il embrasse son portefeuille avec amour)

Gunth : Vous n'êtes pas obligé de les écouter... et vous pouvez cacher votre portefeuille pour lui épargner ces horreurs. Un conseil : faites comme moi, buvez et hochez la tête de temps en temps en pensant à autre chose. *(Il lui tape sur l'épaule)* Allez, noyons la misère du monde dans le fond d'un verre. *(Il verse abondamment le champagne, la coupe déborde et le liquide coule par terre)* Au diable la misère ! Qu'elle s'évapore avec les bulles ! Buvons-la... noyons-la, cette misère. *(Il avale son verre d'un seul trait)*

Voilà, partie, plus de misère ! Car comme le disait Dieu la nuit dernière, pour sauver l'humanité d'une petite misère, il faut lui en envoyer une plus grande !

L'homme au portefeuille dans la main : Ainsi donc vous croyez en Dieu ?

Gunth : Non ! Je le connais seulement, ce n'est pas la même chose !

L'homme au portefeuille dans la main : Il est préférable de le connaître que de croire en lui ; c'est plus fort. Plus utile aussi... *(Après un temps de profonde réflexion)* Vous pourriez lui demander conseil pour mon argent ? Il parle de quoi, ce Dieu ?

Gunth : Il me dit des choses dans le tuyau de l'oreille.

L'homme au portefeuille dans la main *(déçu)* : Ah bon, vous aussi, comme les Gluck, vous êtes toujours à la recherche de bons tuyaux ?

Gunth : Mais non ! C'est seulement Dieu qui me parle dans le tuyau de l'oreille. D'où croyez-vous que les journalistes tiennent leurs "intuitions". Dieu nous prévient. Un petit avantage en nature, en quelque sorte... ou un numéro vert, si vous préférez... Ainsi, on prépare nos articles d'avance et on est toujours prêts pour faire face à l'actualité. Remarquez, moi, concernant la mode, comme j'écris n'importe quoi, c'est toujours dans l'actualité. Mais l'autre jour, Dieu est venu se plaindre chez moi. Une petite déprime. Il m'a fait des reproches, comme si toute la planète dormait dans mon appartement. Je l'ai d'abord entendu taper au plafond à grands coups de pieds et j'ai compris que j'étais l'élu du jour quand il m'a crié :

- Silence, en bas. J'en ai assez des coups de canons et des bombardements. Et encore. Vu mon grand âge, de là-haut, je n'entends pas les bruits des mitraillettes ! Quand je pense que je me suis cassé la tête pendant sept jours pour vous fabriquer cette terre... vous entendre faire tout ce potin pour la détruire m'est insupportable. Vous êtes pire que le diable en enfer. Lui, au moins, tout au fond de sa rôtisserie, il nous fout la paix. Une paix royale !

Puis il s'est calmé un peu et a ajouté :

- Je sais, le travail a été quelque peu baclé. Au dernier moment, je vous ai peints en noir, en blanc, en rouge avec ce qui me restait sous la main. Mais je ne pouvais quand même pas tout peindre en bleu comme la mer et le ciel. J'étais bien obligé de vous distinguer pour vous surveiller. Les arbres avaient piqué le vert... Le soleil s'était approprié presque tous les bidons de jaune, alors ? ... Oui, c'est vrai, j'ai mal fait les comptes : certains se sont retrouvés riches, d'autres pauvres. Je m'en suis rapidement aperçu ; j'ai donc élevé des montagnes et creusé des rivières pour que chacun reste dans son coin. Ni vu, ni connu ! Quand vous vous êtes mis à voyager et à vous taper dessus, j'ai inventé la télé pour vous distraire, de façon égalitaire. J'espérais ainsi que vous me foutriez la paix ! Mais non, bien sûr. Jamais contents, vous m'avez reproché d'avoir mal réparti les richesses : l'eau, le sable, le soleil, les mines, le pétrole, la neige... déposés n'importe comment, sans logique. Mais mettez-vous à ma place : sept jours, c'est court. Surtout que, bien entendu, on m'a livré le matériel au dernier moment. Juste le temps que j'étale le tout et hop ! La cloche m'appelait à la soupe ! ... Je vous entends d'ici. Si je n'avais pas voulu faire tout tout seul, peut-être que... Vous faites confiance aux architectes, vous ? Une fois, une seule fois j'ai accepté de l'aide. Mon fils voulait s'en mêler et je l'ai laissé faire. Résultat : la plus belle pagaille de mémoire de Jésus ! ... Alors maintenant, la Paix !!! Sinon, je vous flanque une bonne guerre de Dieu le Père !

L'homme au portefeuille dans la main *(abasourdi)* : Pas vite gêné, ce Dieu. Nous faire la guerre ! A nous ! Comme si on n'avait déjà pas assez de la pagaille qu'on provoque nous-mêmes !

Gunth : Allez, tranquilisez-vous. Je le connais, il ne le fera pas. C'est du chantage. Voilà des siècles qu'il nous menace. De temps en temps, il nous fait peur avec un petit miracle pour nous faire croire en sa force de frappe. Mais en réalité, il est incapable de la moindre agressivité. C'est un aimable bluffeur. Comme beaucoup de puissants, son pouvoir ne tient que par l'importance qu'on lui accorde...

L'homme au portefeuille dans la main : Finalement, à tout bien réfléchir, ne lui parlez pas de mon argent. Je crains qu'il ne fasse un miracle à l'envers ; je ne veux pas le voir disparaître...

(Il embrasse de nouveau son portefeuille)

Gunth : Vous ne seriez pas un peu obsédé, vous ?

L'homme au portefeuille dans la main : Sans doute. Je ne pense qu'à l'argent, jour et nuit. C'est ma religion à moi. Oserai-je vous l'avouer ? ... Je couche avec lui. *(Il serre le portefeuille contre lui)* J'ai trop peur de devenir pauvre. Je fuis les pauvres de peur d'attraper leur misère... Je vous ai vu tout à l'heure, du coin de mon oeil glauque. Vous avez bien fait de chasser ce pauvre. Il aurait pu nous porter la poisse. C'est que l'on peut facilement se retrouver ruiné : un mauvais placement, un petit contrôle fiscal, un coup de bourse mal dirigé et hop, vous vous retrouvez en H.L.M. parmi les bougres miséreux. Au-dessus, au-dessous, cachés dans les parkings... Dieu merci, jamais ça ! ... A propos, où est passé ce Dieu ? Où donc l'a-t-on laissé dans la conversation ?

Gunth : Tout en haut, il y a quelques minutes.

L'homme au portefeuille dans la main : Ouf ! Qu'il y reste !

Gunth : Pas besoin de lui dire. Dieu n'est pas si stupide.

L'homme au portefeuille dans la main : Et puis, pour me culpabiliser, je n'ai pas besoin de la religion. Cet argent dont je ne peux me séparer, il me fait honte. Tenez par exemple, quand je dois acheter un costume, je pourrais m'en offrir un magnifique coûtant plusieurs milliers de francs. Et bien non. Je préfère passer pour un pauvre type auprès de la vendeuse et en choisir un à cinq ou six cents francs qui ne me plaît pas. Des fois même, j'achète le pantalon dans un magasin et la veste dans un autre. Ou pire, je me prive des deux. Parce que je me sens coupable...

Gunth : Résultat : votre accoutrement est tel que je n'hésiterais pas à vous donner quelques francs si je vous croisais dans la rue.

L'homme au portefeuille dans la main : Si vous y tenez, je veux bien quelques francs. Il n'y a pas de petits revenus.

Gunth : Vous n'allez tout de même pas piquer le boulot des pauvres en faisant la manche ?

L'homme au portefeuille dans la main : Qui vous parle de boulot ? Un travail de pauvre, c'est trop mal payé... Par contre, je veux bien les quelques francs dont vous m'avez parlé.

Gunth : Hé là, doucement ! Je me suis protégé par le conditionnel. J'ai dit : "Je n'hésiterais pas, si..." *(L'homme continue à tendre la main en signe de quête)* Et puis zut, vous m'énervez à la fin ! Les voilà, vos quelques francs.

(Il lui tend une pièce)

L'homme au portefeuille dans la main *(en empochant la pièce après avoir vérifié si elle était vraie)* : Pas comme ça, pas sur ce ton, s'il vous plaît ! Si vous me prenez vraiment pour un pauvre, vous allez finir par me contaminer. ... Finalement, je retourne auprès des riches. Ce n'est pas qu'ils me plaisent mais leurs conversations idiotes me sécurisent. Notre discussion sur la pauvreté m'a dessoûlé. Fuyons cette triste image et retournons courageusement dans le confort des grands mensonges et des souliers vernis.

8.

L'homme au portefeuille et Gunth rentrent dans la salle enfumée. Ils croisent l'homme au nuage en forme de grosse poire et le dentiste qui sortent de la réception. Ils ont un verre à la main et discutent dans le jardin.

Lui *(en regardant autour de lui)* : Belle maison ; rien à dire. Il faut en gratter, des rangées de dents, pour acheter une maison pareille !

L'homme au nuage en forme de grosse poire : Belle maison. Bon placement !

Lui : Ils ne l'ont pas volée !

L'homme au nuage en forme de grosse poire : Volée ? Oh non. Une maison, c'est bien trop difficile à voler.

Lui : Je le disais au sens figuré, comme dans une vieille leçon de grammaire. Je signifiais par là qu'ils ont beaucoup travaillé et, qu'en conséquence, il est logique qu'ils aient une grande maison.

L'homme au nuage en forme de grosse poire : Il y a pourtant des gens qui travaillent beaucoup toute leur vie et qui n'arrivent pas à avoir une grande maison. Tenez, un maçon, par exemple, il travaille dur ; pourtant, il ne l'aura jamais.

Lui : Il pourrait se la fabriquer !

L'homme au nuage en forme de grosse poire : Impossible, il ne saurait monter que les murs. Il y a tout le reste. La tuyauterie, par exemple, c'est complexe. C'est pour cela que les Gluck ont réussi. Ils savent fabriquer et vendre des tuyaux. Ce sont des malins, ces Gluck ; avec leurs tuyaux, ils se sont payés les murs.

Lui : C'est vrai ; un mur, c'est facile à monter. Ça monte tout droit, toujours dans le même sens. Mais un tuyau... Vous vous êtes amusé à suivre un tuyau dans une maison ? Au début, on comprend ; mais ensuite, il s'enfonce dans le mur. Alors, vous cherchez la suite derrière une cloison. Vous vous précipitez. Trop tard ! Il est reparti dans une autre direction. Vous regardez partout, vous montez de la cave au grenier... et vous le voyez, par hasard, réapparaître, caché dans l'angle interne du placard à balais. Et il vous nargue en plus !

(L'homme au petit bout de ciel vient discrètement les rejoindre)

L'homme au petit bout de ciel : En effet, c'est malin comme tout, un tuyau. Tenez, quand il se perce, on voit la fuite apparaître à travers le mur ou le plancher mais lui, impossible de savoir où il est. Pas fou, le tuyau ! Il ne veut pas attraper un mauvais coup de pince ou de fer à souder. Il se dissimule donc sous le papier peint, ou sous une lame de parquet.

L'homme au nuage en forme de grosse poire : C'est pour cela que les Gluck ont réussi. Ils savent où se cachent les tuyaux.

L'homme au petit bout de ciel : Il paraît qu'ils ont fait fortune avec des trucs qu'on ne voit pas... et dont on n'a même pas conscience de l'utilité. Moi, en tout cas, je n'avais jamais pensé que les tuyaux pouvaient avoir une telle importance.

Lui : Mais si, mais si ! La médecine elle-même est une histoire de tuyaux. Regardez notre corps. Ce ne sont que des tubes qui s'emboîtent les uns dans les autres. Même les dents sont affaire de tuyaux !

L'homme au petit bout de ciel : Ce qui fait l'affaire des Gluck. Tout le monde dépend d'eux. Ils gagnent de l'argent à la pelle avec des trucs qui se cachent. Remarquez, les gens ne sont pas dupes... mais du moment qu'il n'y a pas de fuite, ils font semblant de ne rien voir. Mais le pire, le plus hypocrite, dans ce marché de dupes, c'est le plombier. Quand il arrive un pépin, il fait la grimace en regardant les murs et vous menace de sa fausse compétence. Mais bien sûr, moyennant un gros devis... il finit par faire fleurir la tuyauterie.

L'homme au nuage en forme de grosse poire : Je le dis chaque jour à mon fils : au lieu de faire une grande école d'administration, fais plutôt un petit stage de plomberie. D'autant qu'un poste à responsabilités débouche - on le voit chaque jour à la télé - directement sur une mise en examen. Alors que la plomberie... Vous avez déjà vu un plombier mis en examen ? En admettant même... l'examinateur n'est pas à la merci d'une fuite. En conséquence, c'est lui qui a peur du plombier. Il l'évite, il ne le convoque jamais, il l'économise pour un éventuel dépannage.

Lui : Là, vous avez raison. Les grands privilèges disparaissent honteusement ; que l'on soit juge, ministre ou grand patron, on ne peut même plus compter sur une immunité de béton. Finalement, même si ma femme me traite de pauvre type, je préfère de loin ma situation. Mieux, j'aurais aimé être dentiste-plombier et pauvre type tout à la fois !

(On voit arriver un plombier avec une grosse caisse à outils. Il traverse la scène et se dirige vers la réception)

L'homme au petit bout de ciel : Tiens, tiens, les Gluck auraient donc une fuite ?

Lui : Même les Gluck ?!

L'homme au nuage en forme de grosse poire : Vous aviez raison, c'est terrible : on vit de grandes injustices, plus personne n'est protégé. Même les Gluck ! ... Tout de même, on n'aurait jamais pensé ça d'eux. Les Gluck, tomber sous le coup de la fuite !

Lui : Heureusement que je ne les ai jamais enviés !

(Arrive Gunth. Il s'approche des trois autres. Il a visiblement bu, il tient une nouvelle bouteille de champagne à la main)

Gunth : Vous avez vu ? L'ironie du sort. Les Gluck ont une fuite. En pleine réception. Quelle déveine ! Remarquez, il fallait que cela leur tombe dessus. Je ne vois pas pourquoi ils seraient épargnés. J'ai toujours trouvé leur train de vie étrange. Maison, voiture décapotable, thalassothérapie, amants, maîtresses... Alors, un jour, ça craque ! ... Maintenant, il va falloir qu'ils se mettent à genoux devant le plombier ; voilà qui inverse les rôles. Un petit ouvrier de rien du tout va stresser une des plus grandes dynasties de la tuyauterie. Vous avez vu comment ils nous ont arrosés de leur dédain. En fait, ils ne nous ont douchés de champagne que pour nous humilier, nous noyer, nous transformer en victimes. C'est bas ! Ce sont des gros porcs, ces Gluck ! Et encore : les porcs sont plus accueillants. Vous êtes déjà entrés dans une porcherie ? Ils sont heureux, les porcs, quand vous leur rendez visite. Ils viennent vous renifler avec leurs groins humides et, de leurs petits yeux pétillants, ils vous invitent à partager leur merde. Ce n'est pas le cas des Gluck ; pour mettre des toilettes dans un jardin public, il ne faut avoir aucun sens du partage. *(Il boit une rasade de champagne à la bouteille)* Faut que j'y retourne ; fuite ou pas fuite, ce n'est pas mon affaire. Et justement... j'étais sur une affaire. Je ne tiens pas à la perdre. C'est qu'il faut avoir l'oeil quand ça grouille de monde ! Il ne s'agit pas de perdre son temps avec un type qui ne peut rien vous apporter. J'ai une méthode : j'écoute les groupes à distance, j'observe. Quand j'entends quelque chose qui peut me rapporter, je m'avance comme un crabe, de travers, mine de rien. Et je souris à celui qui écoute. En général, il est content de se débarrasser du raseur. Il me rend mon sourire et je peux engager la conversation... Au bout de quelques secondes, j'ai vite fait le tour de l'animal. Si c'est une bonne pomme, je laisse tomber le trognon après avoir grignoté le nécessaire et, pour décrocher, je fais semblant d'être reconnu de quelqu'un d'autre. Puis je repars à la pêche un peu plus loin. Je vous assure qu'à ce rythme là, au bout de la soirée, vous avez un fameux carnet d'adresses. Ensuite, c'est une question de service après vente... Mais je m'attarde, je ne dois pas laisser refroidir ma dernière relation. Je viens de rencontrer un gros homme d'affaires, il trafique dans les nuages... enfin, quelque chose de cet ordre-là. Il peut m'avoir un petit reportage au soleil, une histoire de tourisme. Cela me changera de la mode. Un village de vacances dans une oasis de rêve... le soleil sans les bombes... une petite planque protégée douillettement par l'armée... L'essentiel, c'est d'être en accord avec soi. Même si l'on se sent pourri du fond de son âme, il faut généreusement assumer sa pourriture, c'est sain ! Je préfère un vrai pourri comme moi qu'un hypocrite habillé de fausses moustaches humanitaires. ... Bon, cette fois, j'y retourne. Je vais manquer mon bout de ciel. Après tout, le soleil brille pour tout le monde. Chacun sa misère. De toute façon, je ne peux rien faire contre la misère, ce n'est pas mon métier. Mon rôle c'est de mentir pour offrir une meilleure vision de la réalité, donner à voir ce que chacun a envie de voir, aider à vivre ceux qui souffrent de culpabilité. Regardez la mode, c'est un grand défilé de mensonges. Alors, chacun son tuyau... et ignorons les fuites. Dans la vie, il faut savoir passer à travers les gouttes.

(Il rentre à la réception)

9.

On voit jaillir l'eau des tuyaux du fond de scène. Tous les personnages traversent le plateau en courant. Ils ont attrapé leurs affaires à la hâte pour s'échapper de la maison des Gluck. Gunth sort de la maison, l'air un peu surpris.

Gunth : Ils sont tous partis. Ils ont quitté le navire comme des rats. A cause d'une fuite, j'ai perdu mon tuyau. Où vais-je le retrouver, ce voyage de rêve ? Pour une fois que c'était bien payé, protégé, et surtout... déculpabilisé ! Evidemment, c'était à prévoir : il est dangereux de vivre dans une maison enrubannée de tuyaux. Un jour ou l'autre, il y a dilatation des masses. A force de les mettre sous pression, elles éclatent et c'est la fuite. Je me sauve, au cas où les Gluck s'imagineraient tout à coup que je peux les aider. Quand le ciel est bas, il vaut mieux ne pas traîner dans la pataugeoire ! ... Ah, j'oubliais ! *(On le voit rentrer en courant dans la maison. Il en sort aussitôt avec une bouteille de champagne. Il traverse le jardin en courant et s'apprête à sortir par où tout le monde a fui. Il marque un temps d'arrêt)* Tiens, le petit maigre n'est même pas revenu. La décadence chasse les pauvres. Lui aussi, il n'avait peut-être plus rien à gratter. Il a fui. La misère rend intuitif, elle donne de l'instinct. Quand un lieu n'est plus sollicité par la mendicité, c'est le commencement de sa propre ruine.

(Le dentiste arrive d'un air affolé et se plante devant Gunth)

Lui : Vous n'auriez pas vu ma femme ? Elle a fui !

Gunth : Ici, en fin de soirée, c'est une manie ; tout fuit. Mais pourquoi aurais-je dû voir votre femme ?

Lui : Comme vous lui plaisez, je pensais qu'elle aurait pu fuir avec vous !

Gunth : Qu'est-ce que je ferais de la femme d'un dentiste... même si j'ai une dent qui me gratte. A propos, notre rendez-vous tient toujours ?

Lui : Oui, oui, mais je dois rattraper ma femme. Si vous la trouvez, ramenez-la-moi quand vous viendrez pour la consultation. Elle vous montrera le chemin !

(Le dentiste sort en courant. Gunth reste. Un orage très violent éclate. La pluie tombe)

Gunth : Bigre. Encore une grande fuite, par le haut cette fois. Les Gluck sont cernés de toutes parts.

(On voit passer en courant l'homme au petit bout de ciel, l'homme au nuage en forme de petite poire, celui en forme de grosse poire et le gros. Ils se protègent de la pluie)

L'homme au nuage en forme de petite poire : Nos nuages viennent d'éclater ! Nous sommes ruinés ! C'est la faillite !

L'homme au nuage en forme de grosse poire : Voilà notre fortune qui part dans le tout-à-l'égout des Gluck. C'est la banqueroute.

L'homme au petit bout de ciel : C'est la déconfiture, fuyons au soleil !

Le gros : Plus d'étoiles, elles ont explosé ; c'est le big-bang, le crash.

(Gunth les laisse s'éloigner et les poursuit à distance en secouant sa bouteille de champagne. Elle gicle dans tous les sens et asperge le jardin)

Gunth : C'est la débâcle, la grande liquidation. Ces rats ont réussi à faire la pluie et le beau temps. Je savais bien que j'aurais dû me sauver dans le désert avant la grande fuite.

(Il est comme happé et se trouve entraîné à la suite des autres personnages)

10.

On voit réapparaître le petit maigre, toujours avec le grand sandwich à la main. Il regarde autour de lui. La pluie et les fuites ont cessé.

Le maigre : Tout le monde est parti. Une petite fuite... et tout le monde fuit. Qu'est-ce que je vais faire de ce sandwich, moi ? D'ailleurs, il est complètement trempé. Où est-il, le gros ? Comment vais-je lui rendre sa monnaie ? ... Et le chien ? Je ne vois pas de chien. *(Il regarde longuement autour de lui)* Remarquez, le sandwich, je peux m'en occuper. Si le chien n'est pas là dans cinq minutes, je le mange. J'ai bien retenu la leçon du gros ; quand on mange, on mange. Il faut percevoir toutes les saveurs en même temps. Mais la monnaie, je ne peux pas la manger ! Il est bête, ce chien ; d'un coup de dent, il aurait perçu toutes les saveurs à la fois. Mais ce n'est qu'une bête ; il ne sait pas que le gros lui a commandé un grand sandwich. *(Il regarde de nouveau et appelle le chien)* Le chien ! Le chien ! Il y a un gros sandwich pour toi... *(Il attend un instant)* Tu ne seras pas obligé de finir le pain trempé ! ... Bon, tant pis pour lui, je le mange. Je l'aurais bien laissé au gros mais à côté, toutes les tables sont vides. Il n'aura certainement plus faim. Dommage pour le chien. Je vais lui laisser un petit sursis en commençant par la couenne. *(Il entame le sandwich et se met à tirer sur la couenne du jambon)* Il arrivera peut-être à temps pour le coeur de la tranche... *(Il s'arrête de manger et se met à réfléchir)* Non, finalement, j'agis comme si je n'avais rien retenu des leçons du gros. Il avait raison. *(Il s'apprête cette fois à mordre le sandwich à pleines dents. Il remarque l'arrivée du chien)* Ah, te voilà, le chien ! ... Bon, je peux faire quelque chose pour toi. Si tu veux t'amuser, je te propose la couenne de mon jambon. Je suis sûr que cela te plaira. Allez, assis ! Attention, le chien, assis ! *(Il enlève la couenne du sandwich et fait mine de la lui donner)* C'est bien, le chien ! Tu me plais bien ! Tu as une bonne tête. Dommage que tu ne portes pas de binocles. Allez, assis... plus bas... plus raplapla. Tu sais, pour faire une bonne victime, il faut apprendre à se faire humilier. Allez, je vais t'offrir ta première leçon de victime !

Fin

La pièce ***La langue de bois*** **:**

- a été mise en lecture publique dans le cadre de "Théâtre à une voix" au Théâtre Essaion de Paris, le 1er février 1997.

- a été mise en espace à la Comédie de Caen le 12 mai 1997.

- a obtenu le Premier Prix du concours "Premières Répliques" organisé par la Scène nationale "Les Plateaux" d'Angoulème et mise en espace dans ce cadre le 18 octobre 1997.

- a été sélectionnée pour le catalogue Entr'actes (S.A.C.D.) et présentée dans "Actes du Théâtre" N° 7.

La scène 2 est largement inspirée du texte que Jacky Viallon a présenté au concours "Une scène pour la démocratie" organisé par la Province de Hainaut et l'Association Promotion Théâtre. Ce texte a été publié sous le titre *Le régime de la couenne* dans *Démocratie mosaïque 1* paru aux éditions Lansman en 1996.

◆

Note d'intention de la pièce.

Cette pièce burlesque et satirique montre une micro-société dont les personnages s'obstinent à courir après le profit, la spéculation et autres intérêts personnels.

L'affairisme est de la fête puisqu'il s'agit d'une grande réception donnée chez les Gluck, gros fabricants de tuyaux. La position sociale de ces derniers fait papillonner tout un aéropage prêt à se griller les ailes.

La réception n'est jamais apparente, seulement présente par le son. Elle évoque, par son absence, une conquête illusoire. De même que les Gluck, divinités modernes, ne sont jamais visibles.

On voit alors des individus s'échapper du grand salon pour venir soliloquer ou dialoguer dans le jardin. Ce sont des regards en coin, des courses à l'arrivisme, des rapprochements sournois. Parfois quelques échappées d'un reste d'humanité proposent un regard poétique et critique sur cette société.

Les personnages traversent le plateau comme dans notre propre existence, fugitifs, affairés, ils passent comme les ombres d'une civilisation en mal-être. C'est une peinture de la petitesse, de la cupidité et de l'arrivisme.

Le journaliste, Gunth, personnage central, réunit ces fragments d'existence à travers son cynisme et son opportunisme avoué. Il n'est hélas pas plus sympathique que ses relations. Malgré les vapeurs d'alcool, il délivre avec lucidité et arrogance les silences hypocrites tapis dans le chuchotement de la réception.

Remerciements

Quelques fragments composant la pièce *La langue de bois* doivent leurs premières ébauches à une réflexion provoquée par différentes rencontres et expériences de l'auteur au sein de certaines institutions de la C.C.A.S. (Caisse Centrale d'Activités Sociales du Personnel des Industries Electrique et Gazière).

Pour rappel, la C.C.A.S. est issue de la loi de nationalisation de l'électricité et du gaz du 8 avril 1946 qui a confié aux seuls représentants élus du personnel la gestion des activités sociales.

L'auteur remercie la C.C.A.S. et les bénéficiaires de lui avoir donné l'occasion de s'investir davantage dans cette direction plus sociale.

Lansman Editeur-Diffuseur

63, rue Royale B-7141 Carnières-Morlanwelz (Belgique)
Téléphone (32-64) 44 75 11 - Fax/Télécopie (32-64) 44 31 02
E-mail : lansman.promthea@gate71.be
http://www.gate71.be/~lansman

La langue de bois
est le deux cent vingt-quatrième ouvrage
publié aux éditions Lansman
et le quarante-cinquième
de la collection "Nocturnes Théâtre"

320 FB - 55 FF
(Toutes taxes comprises)
ISBN 2-87282-223-2

Diffusion et/ou distribution au 1/5/98
Contacter l'éditeur
Vente en librairie et par correspondance

Les éditions Lansman bénéficient du soutien
de la Communauté Française de Belgique
(Direction du Livre et des Lettres),
de l'Asbl Promotion Théâtre et de la

SACD

Société des Auteurs
et Compositeurs Dramatiques

Achevé d'imprimer par l'imprimerie Daune à Morlanwelz
Dépôt légal : mai 1998